B.-P. Liegener

ON

Das kleine Suffix mit der großen Wirkung

oder

die Rettung des generischen

Maskulinums

© 2022, Bernd-Peter Liegener
Herstellung und Verlag:
BoD – Books on Demand, Norderstedt
ISBN: 9783756818907

Inhalt

Vorwort

Liebe Leser (m/w/d)!

Sprachen sind nicht vollkommen. Dies zu sagen ist eigentlich überflüssig, denn wie ein lebendiges Wesen wächst und verändert sich jede Sprache, solange sie gesprochen wird. Und wie ein Mensch in jeder Phase seiner Entwicklung, trotz oder vielleicht sogar gerade wegen seiner Unvollkommenheit, etwas Liebenswertes hat, so kann man sich auch an der äußeren wie inneren Schönheit einer Sprache freuen. Es hat, so scheint es zunächst, keinen Sinn an ihren Fehlern herumzukritteln, diese gar eliminieren zu wollen, denn trotz all ihrer Schwächen ist unsere Sprache hochfunktionell. Durch ständigen Wechsel passt sie sich allen neuen Erfordernissen an, auch wenn die entstehenden Veränderungen nicht unbedingt all ihren Sprechern gefallen. Um das Hohelied der Sprache zu singen, würde ich gerne von einem natürlichen Sprachwandel reden.

In der Realität ist es natürlich immer mindestens ein Mensch, der die Sprache bewusst oder unbewusst in einer anderen Weise gebraucht, als es bislang üblich war. Und wir vielen Sprecher können uns wenigstens in der Anfangsphase der Änderung dafür oder dagegen entscheiden, wir können den neuen Sprachgebrauch übernehmen oder ablehnen. Bis er uns gewissermaßen überrollt, wenn sich eine entsprechende Menge von Nutzern ihn angeeignet hat.

Ein hübsches Beispiel für einen Ausdruck, der sich ohne Plan ins Deutsche geschlichen hat, sind die entgleisenden Gesichtszüge. Jemand nutzt die Mehrfachbedeutung des Wortes Zug für ein Wortspiel. Dieses kommt so gut an, es wird so häufig gebraucht, dass irgendwann kaum noch jemand den Witz merkt. Es ist ein geläufiger Ausdruck geworden. Aber es geht noch weiter: Ein kritischer Sprecher merkt, dass ein Gesichtszug wohl kaum entgleisen kann wie die Eisenbahn. Es muss sich also wohl um einen Fehler handeln. Natürlich! Gemeint ist, dass jemand seine Gesichtszüge nicht kontrollieren kann, ihm entgleitet die Kontrolle darüber. Und schon ist ein neuer Ausdruck entstanden. „Ihm entglitten sämtliche Gesichtszüge!" Ob das allerdings die fazialen Bahnkatastrophen irgendwann ablösen wird, ist eher fraglich.

Absicht ist natürlich bei eingängigen Sprüchen oder Neologismen in der Werbung im Spiel. Wer sich vor Augen führen will, was man mit gezielten Sprachregelungen erreichen kann, muss sich nur einmal die Begrifflichkeiten totalitärer Systeme anschauen. Wir in Deutschland haben damit ja leider nur allzu viel Erfahrung gemacht. Es handelt sich hier um eine Doppelfunktion der Sprache: Sie beschreibt Realität, dazu ist sie da, aber sie schafft auch Realität. Es ist ja augenfällig, dass ein Umerziehungslager nur etwas Gutes sein kann. Dort lernen Menschen, die Welt aus dem richtigen Blickwinkel zu betrachten. Oder etwa nicht? Nein eben nicht! Auf diese trügerische Kraft der Sprache werden wir später wieder zu sprechen kommen.

Es gibt unzählige Weisen, auf die sich Sprache entwickeln kann. Doch auch von einer bewusst initiierten Neuerung, der es nicht gelungen ist sich durchzusetzen, soll hier berichtet werden. Es ging nämlich um das Füllen einer Lücke in der deutschen Sprache. 1999 wurde von einem Getränkehersteller in Zusammenarbeit mit der Duden-Redaktion ein Wort für das Gegenteil von *durstig* gesucht. Hungrig und satt, durstig und – hier fehlt etwas. Eine Jury entschied sich damals für das wirklich gute *sitt*. „Ich bin sitt und satt" klingt, als sei es schon seit Jahrhunderten ein Ausdruck für die Zufriedenheit nach genügendem Genuss von Speis und Trank. Offensichtlich ist es aber für ein Kunstwort schwer, sich zu etablieren, denn es steht heute nicht im Duden und ist auch nicht wirklich in aller Munde. Möglicherweise war die Lücke nicht bedeutend genug. Immerhin gibt es genug Möglichkeiten, sie sprachlich zu umgehen.

Sicher ist Ihnen auch schon die eine oder andere Lücke in unserer Sprache aufgefallen. Das können ganz unbedeutende Dinge sein. Um mich im Thema Sprachlücke festzukrallen, gleichzeitig aber den Fokus langsam auf Suffixe, zu lenken sei hier solch eine Nachsilbe erwähnt, der ein Pendant mit entgegengesetzter Bedeutung fehlt. Es geht um das schöne, altmodische -wärts. Man kann heimwärts oder himmelwärts streben, also in Richtung auf ein Ziel hin, aber es gibt kein entsprechendes Suffix für das Streben von einem Ort weg. Wer sich noch an den Physikunterricht in der Schule erinnert, dem mag jetzt ein bedeutungsgleiches Begriffspaar in den Sinn kommen. Damals lernten wir, dass eine zur Mitte hinstrebende Kraft zentripetal, die von ihr wegstrebende, sie fliehende aber zentrifugal genannt wird. Für Physiker und Mathematiker ist es essentiell, solche Gegensätze benennen zu können, daher musste man die lateinischen Fachbegriffe dafür prägen. Im normalen Sprachgebrauch kommen wir gut ohne Wörter wie heimfliehend aus. Deshalb hat meines Wissens auch sinnvollerweise nie jemand versucht, diese Lücke zu schließen.

Aber wir kommen jetzt endlich zum Ziel dieser Einleitung. Es gibt nämlich ein sehr bedeutsames Suffix in der Deutschen Sprache, dem eine komplementäre Entsprechung fehlt: Die zwei Buchstaben *-in* machen aus einem männlichen ein weibliches Wort, aber es gibt – na ja – zumindest kaum ein Suffix, das ein weibliches Wort zu einem männlichen macht. Solche Genus wechselnden Nachsilben nennt man übrigens *Movierungssuffix*. Um diese Lücke, und warum man sich um sie kümmern sollte, geht es in diesem Büchlein.

Die Lücke

Natürlich gibt es im Deutschen auch Suffixe, die aus einem weiblichen ein männliches Wort bilden. Das einfachste ist ein –(e)r. Die Witwe und der Witwer. Diese Nachsilbe wird aber heute nicht mehr an weibliche Wörter angehängt. Man sagt, der Wortbildungsprozess ist nicht mehr produktiv. In alten Zeiten wurde noch aus einer Gans der Ganser und dann der Ganter abgeleitet. Können Sie sich vorstellen, dass jemand eine männliche Maus Mauser nennt? Auch von einem *Divar* als männlicher Diva haben wir noch nie etwas gehört. Und selbst wenn man es versucht: Ist ein Spinner wirklich eine männliche Spinne? Dass man das Suffix -er natürlich weiterhin zur Bildung des Komparativs gebraucht hat mit dieser „Männlichmachung" selbstverständlich nichts zu tun.

Universell verwendbar wäre eher –(e)rich. Der Gänserich und der Enterich sind durchaus gebräuchliche Alternativen zu Ganter und Erpel. Und natürlich heißt es nicht Mauser (das ist etwas anderes) sondern Mäuserich. Diese Endung wird übrigens nicht nur zur Kenntlichmachung oder Änderung des Geschlechtes eines Wortes verwendet, der sogenannten Movierung, sondern kann gleichzeitig einen Wechsel der Wortklasse bewirken. Aus dem Verb *wüten* kann so das Substantiv *Wüterich* gebildet werden.

Parallel dazu gäbe es die weibliche *Wüterin*, die sich aber nicht in den deutschen Wortschatz eingeschlichen hat. Haben wir hier also das vermeintlich nichtexistierende Pendant zu *-in*? Wohl kaum. Schon lange benutzt fast niemand mehr diese Möglichkeit zur Wortbildung. Sie ist nicht mehr produktiv. Wo sie dennoch verwandt wird, entsteht der Eindruck einer humoristischen Intention. Ich denke beispielsweise an Unkerich, den dicken Freund des Salamanders Lurchi. Als wir im Lateinunterricht lernten, dass Gaia der Name der Mutter Erde ist, schlossen wir daraus, dass der Vorname Cäsars, Gaius, wohl als Erderich zu übersetzen sei. Als ernstgemeintes Pendant zur Endung *-in* müssen wir dieses Suffix also wohl ausschließen.

Warum aber brauchen wir überhaupt ein solches Movierungssuffix und können die Lücke nicht einfach als bedeutungslos bestehen lassen? Und warum haben wir in den beiden letzten Abschnitten so viel über Tiere geschrieben? Lassen Sie uns die zweite Frage, die Sie sie sich möglicherweise selbst gar nicht gestellt hätten, zuerst beantworten. Es diente der Vereinfachung. Bei Tieren akzeptieren wir gewöhnlich die Begriffe *weiblich* und *männlich*, ohne uns allzu viele Gedanken darüber zu machen. Bei Menschen ist das schwieriger. Geht es um das biologische, oder das soziale Geschlecht? Die zeitgemäßen Begriffe sind Sexus und Gender. Zumindest was das Gender angeht, hat sich inzwischen die Erkenntnis durchgesetzt, dass eine Einteilung in weiblich und männlich nicht allen Menschen gerecht wird. Die Existenz eines „dritten Geschlechtes" ist heute gesetzlich verankert. Es gibt aber noch eine andere Art von Geschlecht, die natürlich in einer Abhandlung über Sprache im Mittelpunkt stehen muss. Das grammatische Geschlecht oder Genus. Dieses muss weder mit dem Sexus noch mit dem Gender übereinstimmen. Eine Tatsache, deren Unkenntnis oder fehlende Bewusstmachung immer wieder zu Missverständnissen führt. Und damit kommen wir zur Beantwortung der ersten Frage dieses Absatzes.

Das Fehlen eines geeigneten und gängigen männlichen Movierungssuffixes führt zu einer Asymmetrie in der Sprache und zur Fehlwahrnehmung eines generischen Maskulinums als männliches Gender. Was für ein Satz! Bevor wir uns näher mit diesem generischen Maskulinum beschäftigen, betreiben wir kurz etwas anschauliche Mathematik:

Ein Bäcker (A) trifft einen Bäcker (A). Es treffen sich zwei Bäcker (A+A=2A).

Eine Bäckerin (B) trifft eine Bäckerin (B). Es treffen sich zwei Bäckerinnen (B+B=2B).

Ein Bäcker (A) trifft eine Bäckerin (B). Es treffen sich zwei Bäcker (A+B=2A).

Huch! Mit so einer Gleichung besteht man schon in der Grundschule keine Klassenarbeit. Aber wo liegt das Problem? Bäcker können sowohl männlich als auch weiblich sein. Nur gibt es kein geschlechtsdifferenzierendes Wort für männliche Bäcker, während es sehr wohl eines für weibliche Bäcker gibt. Bäckerinnen. Um klarzumachen, dass weder Sexus noch Gender einen Einfluss auf die Qualität von Bäckern haben, hat sich in Stellenanzeigen die Schreibweise Bäcker (m/w/d) eingebürgert. Das ist hervorragend, weil es nicht nur an dieser Stelle die Lücke provisorisch zu schließen vermag, sondern auch Menschen, die sich keinem der zwei klassischen Gender zuordnen lassen als divers inkludiert. Prima! Ich höre natürlich wie jetzt manch Leser nach der Formulierung BäckerIn schreit, aber dazu später mehr. Jetzt wird erst einmal einen Gang zurückgeschaltet, und wir schauen uns die grammatische Grundlage an.

Generische Substantive

Lassen Sie mich Ihnen eine kurze Kurzgeschichte, ja eine Kürzestgeschichte erzählen:

Die letzten Strahlen der untergehenden Sonne fallen durch das frisch geputzte Fenster ins abendliche Wohnzimmer. Bevor das Licht der Dämmerung dafür zu knapp wird, nimmt der hünenhafte Schrank all seinen Mut zusammen und blinzelt der gemütlichen Kommode an der Wand gegenüber frech flirtend zu. Schon legt sich undurchsichtige Dunkelheit über die Szene und leider können wir nicht zuschauen, was in dieser Nacht noch passiert. Aber ich frage Sie: Kann es wirklich ein Zufall sein, dass genau neun Monate später ein niedliches kleines Regal das Licht der Wohnung erblickt?

Es ist klar: Weder ist ein Schrank männlichen, noch eine Kommode weiblichen Geschlechtes. Beide sind als sächlich zu betrachten. Trotzdem heißt es in der Deutschen Sprache nicht *das Schrank* oder *das Kommode*. Die sie bezeichnenden Wörter sind grammatischen Kategorien zugeordnet, die nichts mit Sexus oder Gender zu tun haben. Sie haben verschiedene Genera: Das grammatische Geschlecht, das Genus des Schrankes ist männlich, das der Kommode weiblich. Der Humor der obigen Episode liegt genau darin, diesen Unterschied zu ignorieren, und so eine gewisse Absurdität entstehen zu lassen.

Für den normalen Sprachgebrauch aber steht fest: Das Genus hat nichts mit dem Sexus oder Gender zu tun, auch wenn es sich vielfältig hieraus entwickelt hat und oft übereinstimmt.

Kein Mensch hat Schwierigkeiten, diesen Unterschied bei Gegenständen zu erkennen. Aber wie sieht es im Umgang mit Menschen aus? Ist das nicht etwas völlig anderes? Heißt es nicht *der* Mann und *die* Frau? Natürlich! Oft stimmen Genus, Sexus und Gender überein. Aber schon bei Wörtern wie *das Kind* sollten wir stutzig werden. Ist ein Kind wirklich sächlich? Nein, das ist es nicht. Und sind alle Menschen männlich? Auch nicht.

Wir haben weiter oben von einer Asymmetrie der Sprache gesprochen. Tatsächlich hat diese dazu geführt, dass es wesentlich mehr sogenannte generische Maskulina gibt als generische Feminina oder Neutra, also grammatisch männlich erscheinende Begriffe für Personen indifferenten oder nicht bezeichneten Geschlechts. Der oben erwähnte Bäcker, der Bürger, der Helfer... die Reihe scheint und ist tatsächlich unerschöpflich, schon allein dadurch, dass aus jeder neuen Tätigkeit durch das Anhängen von *-er* ein Beruf entsteht: Der Softwareentwickler, der Profiler, der Manager. Alles generische Maskulina.

Aber es gibt auch generische Feminina: Die Koryphäe, die Kapazität, die Pfeife, die Null, die Eminenz, die Hoheit, die Geisel, die Waise und so weiter. Auch aus dem Tierreich bedienen wir uns gerne. John Robie turnte als *die Katze* über die Dächer von Nizza und der Comic-Held Spiderman hatte seinen ersten Auftritt in Deutschland unter dem Namen *die Spinne*.

Und generische Neutra: Das Genie, das Talent, das Arschloch, das Superhirn, das Zugpferd, das Rindvieh, das Allerletzte und das Nonplusultra. Auch wenn sich diese zusammengewürfelte Liste noch sehr weit fortsetzen ließe, besteht kein Zweifel, dass generische Feminina und Neutra niemals die Zahl der generischen Maskulina erreichen werden. Ist das nicht ungerecht? Ja, es mag sein, dass man das als ungerecht empfinden kann. Aber die wichtigere Frage ist, ob eine solche Sprache zu Ungerechtigkeit führt, da wir ja schon gesehen haben, dass Sprache Realität schafft. Hierauf kann man zwei Antworten geben.

Erstens: So wie sie heute gebraucht wird schon. Daran vermögen auch die gut gemeinten Anstrengungen der letzten Jahrzehnte in Richtung auf eine gendergerechte und gendersensible Sprache nichts oder nur wenig zu ändern. Warum? Weil ein Teil der Entwicklungen in die falsche Richtung zielt, ein Teil nicht praktikabel ist und insgesamt durch die Komplexität und die Menge der zu beachtenden Regeln die Akzeptanz in der Bevölkerung nicht so hoch ist, wie es erforderlich wäre.

Zweitens: Wenn es gelingt, die oben erwähnte Symmetrie herzustellen, ohne die Sprecher durch ein riesiges Regelwerk oder Widerstand weckende Sprachungetüme zu verprellen, könnte man sich schon vorstellen, dass die Sprache zu einer so starken Verminderung der Ungerechtigkeit führt, wie die leider immer noch sehr genderungerechte Realität es eben zulässt.

Wie wollen wir die Symmetrie also ohne einen großen Aufwand herstellen? Die einfachste Lösung, wäre, die weibliche Endung völlig abzuschaffen. Wenn es keine Bäckerinnen gibt, wird das Wort Bäcker als nicht genderdifferenzierend wahrgenommen. Im Englischen ist dies der Fall. Dass es nicht möglich sein wird, solch eine massive Änderung durchzusetzen, ist evident. Weshalb das auch gar nicht sinnvoll oder gar erwünscht ist, werden wir im Kapitel *Im Englischen ist alles einfach* besprechen.

Schließen wir diese Methode aus, gibt es grundsätzlich noch zwei Möglichkeiten. Bleiben wir bei unserem Beispiel. Bislang existieren für die drei Gender *männlich*, *indifferent* und *weiblich* die Begriffe *Bäcker*, *Bäcker* und *Bäckerin*. Man kann entweder das indifferente *Bäcker* umbenennen, oder das männliche. Was, frage ich Sie, würde mehr Aufwand bedeuten? Eine neue Endung für männliches Gender zu schaffen, ein männliches Movierungssuffix, oder die indifferente wohlgemerkt am häufigsten genutzte

Form umzubenennen? Letzteres hätte natürlich zur Folge, dass nicht nur die Bäckerinnung umbenannt werden müsste, sondern alles bisher Geschriebene und Gesagte über Bäcker indifferenten Geschlechtes falsch oder zumindest veraltet wäre.

Die zunehmend verwendete Form BäckerInnen versucht diesen zweiten Weg zu gehen. Dabei gibt es mehrere Probleme:

Erstens: Den meisten Kunden kommt es nicht darauf an, welches Gender der Bäcker seines Brotes hat. Es geht ihnen um die Qualität des Produktes, das von der Qualität des Produzenten abhängt. Bäcker bezeichnet hier in erster Linie die Funktion und nicht die Person des oder der Backenden. Hier das Gender durch das großgeschriebene Binnen-I zu betonen, das ja gerade keine Rolle spielen soll ist widersinnig. Für das Backen ist eben nicht das Gender ausschlaggebend, sondern die Qualität. Sonst wird der Genderungerechtigkeit ja wieder Vorschub geleistet.

Zweitens: Wie Sie eben gelesen haben, kommt es wie auch bei der wesentlich besseren Variante *die Backenden* zu Problemen, wenn man sie in den Singular setzt. Wir kommen dann nicht umhin einen Artikel zu verwenden, der doch wieder ein Genus festlegt. Natürlich könnte man sich aus Neutralitätsgründen und um die als divers zusammengefassten sozialen Geschlechtsidentitäten nicht auszuschließen ein neutrales Genus wählen. Aber mal ehrlich: Können Sie sich vorstellen, dass sich *das BäckerIn* durchsetzen kann oder *das Backende*?

Drittens: *BäckerInnen* legt nahe, dass die Grundform *Bäcker* lautet, und das stimmt ja auch. *Bäckerin* und *BäckerIn* als Form für das weibliche, respektive diverse Gender sind sogenannte markierte Formen. Markierte Formen werden immer als ungewöhnliche, eher seltene, eben markierungswerte Variante eines Begriffes wahrgenommen. Es wird also wieder die Scheinrealität erzeugt, dass ein Bäcker im Normalfall männlich zu sein habe.

Wir sollten uns also für die erste Möglichkeit entscheiden und ein männliches Movierungssuffix etablieren. Und – genau, Sie haben gut aufgepasst – auch eines für indifferentes Gender. Generell sollten diese Suffixe, wie auch das *-in*, nur gebraucht werden, wenn das Gender von Belang ist. Wann dies der Fall ist, hängt von der Situation, vor allem aber der Intention des Sprechers ab. So mag es egal sein, ein Arzt welchen Genders den Blinddarm eines Patienten entfernt. Für eine intime Untersuchung könnte dieses aber schon von Belang sein, in manchen Kultur- oder Weltanschauungskreisen sogar von eminenter Bedeutung. Für jemanden, der sich in seiner Geschlechteridentität von vielen Menschen nicht richtig wahrgenommen sieht, mag es beruhigend sein, von einem Arzt betreut zu werden, der sich selbst der großen inhomogenen Gruppe der Diversen zuordnet. Wir haben also einen Plan, wo wir ansetzen wollen.

Na dann los!

Das Suffix

Sie werden nicht sonderlich überrascht sein, wenn Sie erfahren, dass das männliche Movierungssuffix -*on* lauten soll. Sie haben ja den Titel des Büchleins gelesen. Warum eigentlich? Also nicht, warum Sie den Titel gelesen haben, sondern warum wir uns für dieses Suffix entschieden haben. Sofort klar zu erkennen ist die Parallelität zu -*in*. Nur der Vokal ist tiefer, dies entspricht der durchschnittlich tieferen Stimmlage von Personen männlichen Genders. Nein, der Vokal ist nicht nur tiefer, sondern – das kann man beim Lesen des Singulars nicht erkennen – er ist auch länger. Es handelt sich um ein langes geschlossenes O. Das hat natürlich auch seinen Grund. Bei schnellem Sprechen werden Vokale häufig abgeschwächt, so dass aus -*in* etwas wie ´*n* wird. So etwa wie bei Rock ´*n* Roll. Wenn man es nicht wüsste könnte man nicht sagen, ob dieses ´*n* für *and*, *in* oder *on* steht. Um Verwechslungen vorzubeugen also ein langes geschlossenes -*o*, im Plural heißt es -*onen*. Es soll nicht verheimlicht werden, dass auch das im Italienischen als Vergrößerungs- und manchmal damit auch männliches Movierungssuffix gebrauchte -*one* hier Pate gestanden hat. *Il testone* ist ein Dickkopf. Das feminine Genus des Kopfes *la testa* ändert sich ins männliche. Sprache hat schon immer von der Befruchtung durch andere Sprachen gelebt

Vielleicht erhebt sich die Frage, auf welcher Silbe beispielsweise ein Maleron betont werden sollte. In erster Linie dürfte die Länge des O die Betonung auf die letzte Silbe ziehen. Es sollte aber keinesfalls eine Vorschrift geben. In einzelnen Zusammenhängen kann der Akzent ohnehin individuell verschoben werden: Eine Maler**in**, kein Maleron, oder ein **Ma**leron, kein **Mau**reron. Und selbst, wenn sich die Markierung verstärken und daher der Eindruck entstehen könnte, es sei etwas Besonderes, wenn ein Maler männlich ist - wenn schon! In Zeiten, wo dies faktisch nicht der Fall ist (wir reden hier in erster Linie von Handwerkern, nicht von Kunstmalern), könnte dies die bestehende und nicht gewünschte oder begründbare Schieflage sogar ausgleichen.

Wie steht es mit der Änderung des Stammvokals in einen Umlaut wie bei der Ärztin oder der Französin? Das ist schwierig. Weil es hierfür auch bisher keine einheitliche Regel gibt. Man muss lernen, wann bei einer Movierung, aber auch bei der Pluralbildung oder der Verkleinerungsform der Vokal zum Umlaut wechselt. Die Ärzte werden anders behandelt als die Franzosen. Tage und Fragen stehen im Gegensatz zu Bächen und Nägeln. Neben den Wagen gibt es besonders im süddeutschen und österreichischen Sprachraum auch die Wägen. Das ist prima! Beides ist richtig. Ob Arzton oder Ärzton, ob Französon oder Franzoson entscheidet der Sprecher. Wir wollen nicht viele Regeln, sondern eine einfache, kleine, aber wirksame Sprachergänzung.

Etwas ganz Spezielles: Wie heißt denn ein männlicher Baron? Zunächst eine einfache Frage, denn natürlich ist das Wort hierfür Baronon. Wer denkt, dass das doppelte -on ein Hindernis sei, der möge sich Gedanken darüber machen, wie man zu viel Eisen aus dem Trinkwasser entfernen kann. Man muss es enteisenen. Klingt komisch? Lesen Sie mal auf Ihrer Mineralwasserflasche nach. Eine Baroness ist übrigens die Tochter von Baronen, der Sohn wäre folglich ein Baronet. Aber hier wird es schwierig, denn der Titel wird ja nur über die männliche Linie vererbt. Man wird also Baronin nur durch Heirat, Baronesse durch Geburt. Ein Titel, den man natürlich verliert, wenn man aus der adligen Familie ausheiratet. Und die korrekte Form des Titels, den natürlich nur Männer tragen dürfen, ist eben Baron. Nicht Baronon. Oh weh! Gegen so viel patriarchales Gedankengut kann man natürlich mit der Einführung einer Silbe nicht angehen. Es gibt übrigens für derlei Fragen extra ein Adelsrecht, dessen Kongruenz zu den durch das Bürgerliche Gesetzbuch allen Frauen zugebilligten Rechten durchaus nicht immer klar ersichtlich ist.

Was es natürlich in Adelsverbänden gar nicht so recht gibt, sind Menschen, die nicht in die klassischen Rollen von Mann und Frau passen. Das heißt, es gibt sie natürlich schon, nur wird eben nicht darüber geredet. Wir reden hier schon darüber, denn sie sind nicht nur ein wichtiger Bestandteil unserer Gesellschaft, sondern auch ein Motor zur Förderung eines unserer Freiheitlichen Grundordnung entsprechenden, freien Gedankengutes.

Wann immer das Gender von Personen keine Rolle spielt, sollten wir das generische Maskulinum, Femininum oder Neutrum gebrachen. Die Person bezeichnet alle drei Gendergruppen. Nur selten werden wir von Persononen oder Personinnen reden müssen. Dafür gibt es ja die Wörter Männer und Frauen. Aber wo bleibt denn hier das Dritte Geschlecht? Sie sind ja weder Männer, noch Frauen, oder aber Beides – je nach ihrer individuellen sexuellen Identität. Und Sie erinnern sich noch an den Patienten, der sich einen Arzt wünscht, der nicht in die klassischen zwei Kategorien eingeordnet werden will oder kann? Ja, wir brauchen auch ein Suffix für die dritte Kategorie.

Wieder wollen wir eine parallele Bildung zu *-in* und *-on* finden. Ohne Sie mit weiter vorne oder hinten gelegenen Zungenstellungen bei der Bildung von Vokalen zu langweilen, kann ich Ihnen verraten, dass der Folge i-e-a-o-u entsprechend ein E oder ein A zur Bildung der movierenden Silbe nahe liegt. Wollen wir wieder einen langen Vokal einführen, und das ist aus Gründen lautlicher Unterscheidbarkeit sinnvoll, so sollten wir ihn dafür näher an das i des weiblichen Movierungssuffixes setzen. Unsere Silbe ist also -*en*, natürlich mit langem E.

Wir haben jetzt einen kompletten Satz an Gender-anzeigenden Nachsilben: -*in*, -*en* und -*on*. Es bleibt noch einmal zu betonen, dass diese Suffixe nicht allzu oft gebraucht werden müssen. Das Generische Substantiv schließt ja alle drei Gender ein und kann und sollte überall eingesetzt werden, wo das Geschlecht eines oder mehrerer Menschen keine Rolle spielt oder spielen sollte. Allein die Existenz dieser drei Suffixe stärkt aber die Wahrnehmung des generischen Geschlechts als genderneutral.

Die Ablehnung des generischen Maskulinums

Es sollte nun eigent- und hoffentlich klar geworden sein, weshalb wir die etablierte Form des genderindifferenten Genus, also der generischen Substantive, unbedingt brauchen und erhalten, ja in ihrer genderneutralen Bedeutung stärken müssen. Leider gibt es Bewegungen, ja, geradezu reißende Strömungen, in die andere Richtung. Das generische Maskulinum soll systematisch zurückgedrängt werden, so lautet eine Absprache etlicher Nachrichtenagenturen. Es werde als gendermaskulin verstanden und somit würden nichtmännliche Mitglieder einer Personengruppe unterrepräsentiert, allenfalls „mitgedacht".

Es mag daher zunächst sinnvoll erscheinen, das generische Maskulinum zu vermeiden, doch sollten wir vor der Umsetzung solcher Pläne unser Augenmerk auf eine faktische Feststellung richten: Es handelt sich bei der Wahrnehmung des generischen Maskulinums als gendermaskulin um ein Fehlverständnis der deutschen Grammatik.

Lassen sie uns dies einmal als Symptom einer Krankheit betrachten, um ein Bild aus dem täglichen Leben zu gebrauchen. Wir alle sind ja vermutlich nicht immer völlig gesund gewesen und haben Strategien entwickelt, die wir einsetzen, wenn etwas mit uns nicht stimmt. Es gibt prinzipiell mehrere Möglichkeiten, mit einem Symptom umzugehen. Man kann es ignorieren und entweder akzeptieren („dann habe ich halt täglich Kopfschmerzen") oder hoffen, dass es vorbeigeht („es wird schon wieder werden"). Man kann das Symptom behandeln und versuchen es zu unterdrücken, ohne sich Gedanken zu machen, woher es kommt (man nimmt ein Schmerzmittel ein). Oder man sucht nach seiner Ursache, der dahinterstehenden Krankheit, und behandelt diese. Man nennt das in der Medizin Diagnostik und kausale Therapie. Was würden Sie von einem guten Arzt erwarten?

Die erste Möglichkeit, das Abwarten, ist durchaus eine gängige Strategie. Bereits vor Jahrhunderten kannte die Chinesische Medizin das Handeln durch Nichthandeln, heute würde man vielleicht *wait and see* oder einfach *abwartendes Prozedere* dazu sagen. Allerdings konnten wir in Bezug auf unser Symptom der Fehlwahrnehmung des generischen Maskulinums über Jahrzehnte lang beobachten: Es wird nicht besser, wenn wir es ignorieren. Wir wollen aber auch nicht dauerhaft mit diesem Genderbias, der Schieflage in der Repräsentation des sozialen Geschlechts, leben.

Die zweite Option, die Symptombehandlung, entspricht der Reduktion des Gebrauches des generischen Maskulinums. Leider wird hierdurch die Ursache nicht behoben, in unserem Fall sogar verschlimmert. Durch das geradezu krampfhafte Vermeiden des generischen Maskulinums wegen seiner vermeintlich gendermaskulinen Bedeutung wird genau diese falsche Wahrnehmung verstärkt. Durch die Verwendung von Umschreibungen wie z.B. Studierende statt Studenten wird der Eindruck erweckt oder verstärkt, mit Studenten seien nur männliche Studierende gemeint.

Bleibt noch die dritte Vorgehensweise: Diagnostik. Wo liegt das eigentliche Problem, die Ursache der Fehlwahrnehmung? Natürlich ist es naheliegend, den Grund im maskulinen Genus dieser Begriffe und ihren maskulinen Artikeln zu vermuten. Dies ist sicherlich in einem gewissen Maße richtig. Aber liegt hier die Hauptursache? Ist es wirklich nur oder in erster Linie das Genus des generischen Maskulinums, das zu dieser Fehleinschätzung führt?

Nun ja, die wenigsten Menschen denken automatisch an Männer, wenn sie das Wort *der Mensch* hören oder lesen. Genauso wenig wie an Frauen, wenn von Personen die Rede ist. Vielleicht denkt man aber noch (bis sich die neuen Suffixe etabliert haben) an Männer und möglicherweise ein paar Frauen, wenn man von Malern hört. Das könnte aber daran liegen, dass es tatsächlich mehr Maleronen als Malerinnen und Malerenen gibt. Sprache schafft zwar Realität, sie kann sie aber nicht gänzlich verändern. Es sei denn, man manipuliert sie bewusst und gezielt in eine Richtung, die den eigenen Vorstellungen entspricht.

Gerne möchte ich Sie bitten, den folgenden Text ein paar Bekannten vorzulesen oder vorzulegen, ohne sie vorher für die Thematik sensibilisiert zu haben:

Haben Sie ein gutes Vorstellungsvermögen?

Bitte stellen Sie sich folgende Situation vor: Sie haben ein kleines Unternehmen gegründet, Ihr Büro mit Vorzimmer ist elegant eingerichtet und bestens ausgestattet, aber Sie brauchen noch jemanden für das Sekretariat. Hier entsteht der erste Eindruck bei der Kundschaft, und der ist wichtig. Deshalb soll dort kein Mauerblümchen sitzen, aber auch kein Paradiesvogel. Souveränes Verhalten ist Ihnen wichtig. Es sollte auch kein Drache sein, der vor Ihrer Tür wacht. Sie könnten sich etwas wie einen blonden Engel vorstellen, aber woher soll man den bekommen? Glücklicherweise erhalten Sie von ein paar Bekannten einen Tipp. Ein Telefonat, und schon haben Sie einen ersten Vorstellungstermin vereinbart. Sie sitzen hinter Ihrem Schreibtisch, es klopft, und die Tür öffnet sich. Aus einem offenen, freundlichen Gesicht strahlen Ihnen kluge Augen entgegen. Sofort wissen Sie, wer ab jetzt in Ihrem Vorzimmer sitzen wird.

Haben Sie die Situation vor Augen?

Nun lassen Sie sich beschreiben, wen Ihr Gesprächspartner in seinem Sekretariat sieht. Meinen Sie, es wird ein Mann sein? Wohl eher nicht. Zu sehr denkt man bei Vorzimmer und Sekretariat an eine Frau, obwohl das natürlich unzeitgemäß ist. Wohlgemerkt, die Erwartungen an die Person, die sich hier jemand vorstellen soll, sind nur mit einem generischen Neutrum und drei generischen Maskulina beschrieben. Gegen eine durch gesellschaftliche Normen geprägte Erwartung, kann also ein generisches Maskulinum nicht viel bewirken.

Vielleicht kann aber doch durch die Vermeidung generischer Maskulina die Erwartungshaltung in Richtung einer Frau oder einer diversen Person gelenkt werden? Versuchen Sie es einmal bei einem anderen Bekannten mit dieser Geschichte:

Haben Sie ein gutes Vorstellungsvermögen?

Bitte stellen Sie sich folgende Situation vor: Sie fahren schon lange ein altes Auto. Bisher konnten sie sich bei allen Problemen selber helfen, doch jetzt ist eine Funktionsstörung aufgetreten, die sie nicht ohne fachliche Hilfe beheben können. Nun erfahren Sie im Gespräch mit Bekannten von einer Werkstatt, die sich auf Oldtimer spezialisiert hat. Sie wird geleitet durch eine Koryphäe, was die Reparatur gerade Ihrer Fahrzeugmarke angeht. Nach einem beeindruckenden Telefonat in dem Sie das Gefühl hatten, mit einer echten Kapazität auf dem Gebiet der Oldtimerrestauration zu reden, betreten Sie am nächsten Tag das Büro der Werkstatt um zu sehen, wem Sie Ihr Schätzchen anvertrauen sollen.

Haben Sie die Situation vor Augen?

Welches Gender hat sich vor dem inneren Auge Ihres Bekannten aufgebaut? Haben die generischen Feminina dazu geführt, dass es sich um eine Werkstattleiterin handelt, oder steht dort, den unausgewogenen Häufigkeiten der leider immer noch lange nicht gendergerechten Realität entsprechend, ein Automechanikeron? Bei den meisten Menschen geschieht Zweiteres.

Es liegt also auf der Hand, dass die genderungerechte Realität oder zumindest deren Erwartung der Hauptgrund der Fehlwahrnehmung ist. Hieran etwas zu ändern ist von zentraler Bedeutung, dies kann aber nicht allein durch sprachliche Mittel erreicht werden. Der zweite wichtige Grund liegt wie im Kapitel *Die Lücke* dargelegt in der Asymmetrie der deutschen Sprache, dem bisherigen Fehlen eines männlichen und eines diversen Movierungssuffixes. Hieran kann man etwas ändern, und zwar mit zwei winzigen Suffixen, *-on* und *-en*, die noch nicht einmal häufig gebraucht zu werden brauchen, um die Wahrnehmung zu korrigieren. Allein durch ihre Existenz und die Kenntnis davon wird das generische Maskulinum in die genderneutrale Mitte verschoben, wo es hingehört. Das grammatische Geschlecht, das Genus, spielt höchstens eine untergeordnete Rolle.

Bedeutung des klassischen Genderns

Klassisches Gendern, wenn man es denn schon so nennen kann, verfolgt zwei Strategien, um eine ungewollte Schieflage in der Wahrnehmung des Genders eines Individuums oder der Mitglieder einer Gruppe zu verhindern: Sichtbarmachung und Neutralisierung.

Die Sichtbarmachung wird hierbei erreicht, indem man alle drei Gender nennt. Häufig genug wird jedoch nur von Männern und Frauen geredet. Das heutzutage häufig von Politikern gebrauchte „Bürgerinnen und Bürger" ist also im Zeitalter der Anerkennung des dritten Geschlechtes keinesfalls politisch korrekt oder zeitgemäß. Es wird überdies die genderneutrale Wahrnehmung des generischen Maskulinums untergraben. Es sollte also unbedingt unterbleiben, wenn man dauerhaft eine akzeptable Sprachregelung finden möchte.

„BürgerInnen" und ähnliche Formen wie Bürger:innen, Bürger_innen etc. haben den Vorteil, alle Gender zu inkludieren, aber fördern ebenfalls die Fehlwahrnehmung des Wortes „Bürger" als rein männlich. Es wäre daher kaum akzeptabel, selbst wenn es da nicht Probleme gäbe, die eben nur durch das genderneutrale generische Maskulinum gelöst werden können: Wir sprechen im Deutschen nicht nur im Plural und verwenden häufig Pronomina und

Artikel. Kommt der/die/(das???) BürgerIn wirklich zu seinem/ihrem/(???) Recht auf genderindifferente Repräsentation in der Sprache? Muss man indifferente Artikel und Pronomen erfinden, um hier Gendergerechtigkeit herzustellen? Man müsste, wenn man diese Form einsetzen wollte.

Ein weiterer Nachteil dieser allgemeinen Sichtbarmachung ist, dass genau das, was häufig keine Rolle spielt oder spielen sollte, nämlich das Gender, betont wird. Es ist eben egal, welchen Genders ein Bürger ist, wenn es darum geht, welche Rechte, Pflichten, Wünsche und Anschauungen er hat. Für die Ausübung einer beruflichen Tätigkeit in hoher Qualität ist das Gender bis auf wenige Ausnahmen völlig unerheblich.

Es gibt aber auch noch die Sichtbarmachung der drei Gender durch die Klammer (m/w/d). Auch wenn, oder gerade weil diese Lösung nur im Schriftlichen zu gebrauchen ist, ist sie, zumindest vorübergehend, hervorragend. Es wird dadurch klargemacht, dass das generische Maskulinum der vor ihr stehenden Bezeichnung alle drei Gender meint. Es trägt also zu seiner semantisch korrekten Wahrnehmung bei, die eine Markierung im Mündlichen überflüssig macht. Weiterhin wird durch die Tatsache, dass die drei Gender in Klammern gesetzt werden, die Unerheblichkeit des Genders im vorliegenden Zusammenhang betont. Das wollen wir ja erreichen. Wem das generische Maskulinum in der gesprochenen Sprache nicht eindeutig genug mehrdeutig erscheint, dem können wir als mündliche Variante zur Verdeutlichung der Genusindifferenz den Zusatz *jedweden/jeden/jeglichen Geschlechts/Genders* anbieten.

Die wesentlich größere Gruppe der Ratschläge für gendergerechte Sprache bezieht sich auf das Neutralisieren, die Unsichtbarmachung von allem, was nach Geschlecht klingt. Solange es nur um mehrere Personen geht, ist das Wort *Leute* in allen Zusammensetzungen gut hierfür geeignet. Nur fehlt uns hier – eine weitere Lücke – ein Singular. Ein sehr gelungenes Beispiel für das Neutralisieren ist das Wort *Lehrkräfte*. Es lässt sich hervorragend auch in die Einzahl setzen, und da es sich um ein generisches Femininum handelt, sind auch Artikel und Pronomina problemlos zu benutzen: *Die* Lehrkraft hat sich auf *ihren* Unterricht vorzubereiten. Gleiches gilt für Lehrpersonen. Leider sind diese Formulierungen nicht universell einsetzbar. Es gibt zwar die *Hilfskraft*, aber, während die *Arbeitskraft* bereits zu Missverständnissen führen kann, da dieses Wort bereits mit anderer Bedeutung existiert, kann die *Kaufkraft* den privaten Käufer nicht ersetzen. Diesem fehlt die für diese Benennung semantisch notwendige Eigenschaft eines Menschen, der seine Energie für andere einsetzt. Höchstens für den Einkäufer einer Firma könnte man diesen Begriff verwenden. Auch eine *Kaufperson* wäre, wenn auch theoretisch denkbar, zumindest stark gewöhnungsbedürftig.

Ein weiteres gutes Mittel sind Substantivierungen von Verben mittels eines Suffixes wie z.B. die Leitung, oder Kundschaft. Im Gegensatz zur Leitung lässt sich die Kundschaft jedoch nur bedingt für eine *Einzelperson verwenden. Das Thema Singular spielt* bei einer anderen, sehr großen Gruppe von Substantivierungen eine noch größere Rolle, und zwar bei der Substantivierung von Partizipien: Hier gibt es wieder das bei dem Binnen-I beschriebene Problem. Das Studierendenwerk mag ja noch ein akzeptables Wort sein, aber bei der einzelnen studierenden Person ist es schon schwieriger, wenn wir nicht die hier gebrauchte oder eine andere Umschreibung verwenden. Es fehlt eine indifferente Singularbenennung. Ob die Umbenennung von *Studenten* in *Studierende* insgesamt sinnvoll ist, mag man übrigens bezweifeln, denn das Wort *Studenten* ist nur die eingedeutschte Version des lateinischen Wortes *studentes* und das heißt bereits – na klar – *Studierende*.

Die hier beschriebene Nutzung des Partizips I ist ohnehin nicht für alle Zusammenhänge zu gebrauchen, und kann sogar – falsch genutzt – zu neuen Sprachungerechtigkeiten führen. Ein kleiner Ausflug in die Kriminalistik: Sicherlich käme niemand auf die Idee, Täter als Tuende zu bezeichnen, aber auch die Mordenden sind keine gute Alternative zu Mördern. Denn viele von ihnen haben nur einmal gemordet, und es ist keinesfalls ihre inhärente Eigenschaft, dies wiederholt oder gar regelmäßig zu tun. Es wären eher Gemordet-Habende (eine Hilfskonstruktion für das uns fehlende aktivische Partizip der Vergangenheit – es gibt wirklich jede Menge von Lücken in unserer Sprache), und mit der Benennung Mordende täte man ihnen Unrecht.

Weniger mit semantischen Fallstricken versehen ist da schon die Verwendung des Partizips II, das aber eben nur für passivisch beschriebene Personengruppen wie die Getöteten, die Ermordeten genutzt werden kann, oder aber in jenen Fällen, in denen die aktiven Tätigkeiten der betroffenen Menschen ihr Perfekt mit *sein* bilden: Entflohene, Geflüchtete. Mit diesem aus ganz anderen Gründen modern gewordenen Wort (nämlich den Konnotationen der Endung -ing des Wortes *Flüchtling*) verlassen wir nicht nur die Kriminalistik, sondern auch den asymmetrischen Lückendschungel der deutschen Partizipien. Er soll uns hier nicht weiter interessieren, da wir uns im Allgemeinen ganz gut in ihm zurechtfinden. Aber auch für das Partizip II gilt: Im Singular wird's schwierig!

Umschreibungen sind und bleiben natürlich immer eine Möglichkeit, Genderneutralität zu betonen. Menschen, die…, Personen, die…, alle, die… und so weiter. Diese Formulierungen können gut in den

Singular gesetzt werden, sind aber etwas sperrig. Die Akzeptanz solcher Ausdrücke ist desto eingeschränkter, je mehr sie den natürlichen Sprach- oder Schreibfluss hemmen.

Das eindeutig genderneutrale *alle* wird beim Gendern auch für die Einzahl *jeder/jede* verwandt, was unter Verlust einer Bedeutungsnuance möglich ist, aber natürlich eine Verarmung der Sprache darstellt. Es soll auch andere Singularwörter ersetzen: *Jemand, der…* wird zu *alle, die…* Das Wort *jemand* hat allerdings den Vorteil, dass es auch statt *einer/eine* genutzt werden kann, und da seine Herkunft von *Mann* kaum sichtbar ist, wird es allgemein als geschlechtsneutral wahrgenommen.

Wie mit dem Indefinitpronomen *man* umgegangen werden soll, bleibt jedem (Sie merken, dass *allen* in diesem Fall die individuelle Note fehlen würde, und dass wir *jedem* hier problemlos als genderneutral verstehen) selbst überlassen. Es ist einerseits eindeutig genderneutral (auch wenn seine Deklination mit *einem* und *einen* es als generisches Maskulinum ausweist), andererseits ist die Aussprache mit der von *Mann* identisch, und dies könnte zumindest vermehrt männliche Konnotationen hervorrufen. Es durch *frau* zu ersetzen mag in Einzelfällen möglich sein (nämlich, wenn es nur um Personen weiblichen Genders geht) ist aber sicher keine gute Idee, da es die genderneutrale Bedeutung von *man* untergräbt und das dritte Geschlecht schlicht ignoriert. Ein Gedanke wäre, sich bei den deutschen Dialekten zu bedienen und das mundartliche *mer* des Rheinlandes ins Hochdeutsch zu übernehmen. Dativ und Akkusativ könnten durch *wem* und *wen* nicht nur gender- sondern auch genusindifferent gestaltet werden. Wem daran liegt, das *man* aus der Sprache zu verbannen, der mag dies ausprobieren, notwendig oder wirklich sinnvoll erscheint es uns nicht.

Zurück zum Thema „Sperrigkeit“: Natürlich werden sich komplizierte Strategien weniger leicht durchsetzen lassen als einfache. Sprachen neigen dazu sich zu vereinfachen. Genauer gesagt sind es natürlich die Sprecher, die es vorziehen, sich mehr Gedanken über das zu machen, was sie sagen wollen, als darüber, wie sie es sagen wollen. Ob das im Sinne einer erfolgreichen Kommunikation immer so richtig ist, mag dahingestellt sein, aber so sind wir Menschen nun einmal. Dies erklärt auch die weitverbreitete Ablehnung einer zu intensiv gegenderten Sprache, wie wir sie im letzten Absatz dargestellt haben, in großen Teilen der Bevölkerung. Es ist andererseits ein Grund mehr, die beiden Movierungssuffixe *-on* und *-en* einzuführen. Keiner muss sie benutzen, solange er nicht eines der zwei betreffenden Gender explizit bezeichnen will. Wo dies sinnvoll ist, besteht jedoch ein einfaches Mittel, um auszudrücken, dass es sich nicht um eine oder mehrere Personen unbestimmten Genders handelt, sondern dass es in diesem Zusammenhang nur um männliche oder diverse Menschen geht.

Um dies noch einmal zu betonen: Es geht nicht um die häufige Nutzung dieser Suffixe, sondern um ihre schiere Existenz und deren Kenntnis bei den Sprechern, Schreibern, Hörern und Lesern unserer Sprache.

Im Englischen ist alles leichter

Das Englische kann mit Fug und Recht als die Muttersprache des Genderns betrachtet werden. Auch können wir feststellen, dass in dieser Sprache mittlerweile für viele im Deutschen noch bestehende Probleme schon lange Lösungen gefunden wurden. Mit neidischem Seitenblick könnten wir uns fragen: Können wir diese Lösungen nicht einfach übernehmen? Nein, so einfach ist es leider nicht.

Ohne in die Tiefe der unterschiedlichen Sprachsysteme einzusteigen, können wir einen grundlegenden Unterschied in unseren beiden ja eigentlich so ähnlichen germanischen Sprachen feststellen: Das Englische befleißigt sich seit Jahrhunderten einer Reduktion der Formenvielfalt, die so im Deutschen nicht denkbar ist. Konjugieren Sie nur einmal das Wort *gehen* und das Wort *to go*: *gehe, gehst, geht, gehen, geht, gehen* steht *go, go, goes, go, go, go* gegenüber. Und wenn dies auch nicht der Englischen Hochsprache entspricht, so ist in vielen Varianten dieser international gesprochenen Sprache auch noch die letzte differente Form, das *goes* auf dem Rückzug beziehungsweise bereits eliminiert und durch ein weiteres *go* ersetzt worden.

Bei den hier aufgeführten Verbformen sind natürlich die Personalpronomen weggelassen, die die deutsche Formenvielfalt überflüssig erscheinen lassen. Solche

Redundanzen („Überflüssigkeiten") gibt es in natürlich in allen Sprachen. Sie verleihen ihnen Schönheit und Vielfalt, sie schaffen Raum für individuelles und kreatives Sprechen und Schreiben. Eine weitere solche Redundanz der deutschen Sprache ist die Vielfalt der Artikel. Während im Englischen das eine Wort *the* als bestimmter Artikel ausreicht, sagen wir *der,die,das*. Unsere drei Artikel werden auch noch verschieden flektiert, so dass wir nicht nur mit *des,dem,den* weitere Formen erhalten, sondern auch einen ganzen Katalog von genderdifferentem Gebrauch der sechs Artikel in den einzelnen Fällen. Dieser Unterschied zwischen unseren Sprachen beruht darauf, dass die Demonstrativpronomen (aus denen sich die bestimmten Artikel entwickelt haben) schon zu Zeiten, als weder an Englisch noch an Deutsch zu denken war, nicht in allen germanischen Sprachen verschiedene Genera zeigten. Ähnliches gilt für das Zahlwort für Eins, aus dem sich die unbestimmten Artikel entwickelt haben.

Das macht auch an anderer Stelle im Englischen ein Gendern überflüssig. So wurde das Indefinitpronomen, das früher einmal wie unser *man* (und übrigens auch das französische *on* über *l´homme* und *l´on*) von *Mann* abgeleitet wurde, schon vor vielen, vielen Jahrhunderten durch *one* ersetzt, das Zahlwort für eins, das eben auch nicht wie im Deutschen verschiedene Formen für *einer, eine, ein* annimmt.

Bei Berufs- und Tätigkeitsbezeichnungen hat im Deutschen eine umgekehrte Entwicklung zur typisch englischen Vereinfachung stattgefunden: Vor vielen Jahrhunderten entstand eine Kennung für das weibliche Geschlecht. Dazu diente das wohlbekannte Suffix *-in*. Die Bäckerin war zwar zunächst die Frau des Bäckers, aber bald schon hatte sie das Geschäft übernommen. Das Deutsche hat also hier etwas verkompliziert und eine neue Form erfunden, die, wie wir im Englischen sehen, gar nicht nötig ist. Leider hat niemand weit genug in die Zukunft geschaut, um auch das Suffix *-on* in die Welt zu setzen. Damals herrschten halt noch patriarchalische Vorstellungen und das generische Maskulinum bezog sich tatsächlich auf Männer und nicht auf Personen anderen Geschlechtes. Wie es auch dazu gekommen ist: Wir haben heute im Englischen auch hier eine einfachere Struktur. *The baker* hat einfach kein Genus, es wird auch durch den Artikel keine Festlegung auf ein Gender verlangt. Genderneutraler geht es nicht!

Vielleicht könnten wir uns ja hier doch etwas abschauen? Der Gebrauch eines genderneutralen Artikels könnte die Akzeptanz des generischen Maskulinums deutlich erhöhen, da das Genus nicht mehr wahrnehmbar wäre. Dazu bräuchten wir keinesfalls das englische *the* und *a/an* zu importieren. Wir haben im Plattdeutschen den bestimmten Artikel *de*, der nicht zwischen männlich und weiblich differenziert und im Bayrischen den unbestimmten Artikel *a*, nicht wie im Englischen, sondern wie ein deutsches A ausgesprochen. Eine riesige Vereinfachung! Nur könnten wir hier nicht einfach haltmachen. Denn auch die Adjektive müssten ihre genusdifferenten Endungen verlieren. Also leider auch eine große Änderung. Es steht daher sehr zu befürchten, dass solch ein Sprachgebrauch nicht viele Anhänger finden würde. Zu stark ist die Ablehnung von Neuerungen und zu stark der Eingriff in die gewohnte Sprache.

Zudem gibt es noch das große Problem der Pronomina. Auch im Englischen gibt es im Singular genderdefinite Formen für Fürwörter. Was sagen Engländer, Amerikaner, Australier und all die anderen Englischsprachigen also, wenn jemand, dessen Gender nicht festgelegt werden soll, beispielsweise *seinen* Schlüssel verloren hat? *His, her, its key?* Die Lösung, die das Englische hierfür gefunden hat, klingt zumindest für uns als Englisch-gelernt-Habende (Verzeihung, aber ich finde dieses zusammengesetzte Partizip einfach zu schön!) zunächst ungewohnt, ist aber äußerst praktikabel. Die Pronomina *they* und *their* werden statt der Singularformen *he/she* bzw. *his/her* verwandt. Findet hier ein ähnlicher Prozess statt, wie bei der Verwendung des pluralen *you* statt des Singulars *thou*? (Im Gegensatz zu der häufigen Annahme, im Englischen werde grundsätzlich geduzt, wird dort – zumindest aus der sogenannten diachronen Perspektive der Sprachentwicklung betrachtet – nur gesiezt.) Nein, tatsächlich gibt es bereits im Mittelenglischen diesen Sprachgebrauch. Er wurde nur, vor allem im Viktorianischen Zeitalter, durch präskriptive Grammatiker zurückgedrängt. Das generische *he* wurde favorisiert. Die Begründungen hierfür strotzten übrigens von zeitgemäßem Männlichkeitswahn, den es natürlich auch in England gab. Diese Verwendung einer Pluralform für die Bezeichnung eines Singulars wurde jedoch nie ausgerottet, sondern führte gewissermaßen ein Schattendasein. Der Gebrauch war seltener, aber durchaus dauerhaft präsent. In Zeiten der gendersensiblen Sprache gibt es nun lediglich eine Renaissance dieser keineswegs ausgestorbenen Variante.

Warum also nicht auch im Deutschen die Pluralpronomina verwenden? Weil diese leider gleichlautend mit der femininen Singularform sind. Sagten wir etwa über ein Mitglied einer gendergemischten Gruppe: „Wenn jemand dies oder das tut, hat sie ihre Pflicht erfüllt", so haben wir letztlich das generische Maskulinum durch ein generisches Femininum ersetzt. Wir haben den Teufel durch den Beelzebub ausgetrieben, nur dass dieser Beelzebub, weil er so ungewohnt ist, kaum genderneutral verstanden würde. Bliebe noch die Möglichkeit: „Wenn jemand etwas tut, haben sie ihre Pflicht erfüllt." Die hier enthaltene auch im Englischen häufig so verwandte Numerusinkongruenz wäre sicher akzeptabel, aber nicht in allen Fällen sichtbar. Ein Satz wie *A Bäcker geht in ihre Backstube* wäre höchst missverständlich, da statt einer genderindifferenten eine Person weiblichen Genders wahrgenommen würde.

Wie sehr wir auch nach parallelen Lösungen suchen, wie stark wir uns nach dem lässigen Gendern des Englischen sehnen mögen und wie viel Kreativität wir auch aufbringen: Es bringt nichts! Zu verschieden sind die Strukturen der beiden Sprachen, zu viele und einschneidende Änderungen wären nötig, um das deutsche dem englischen Sprachsystem anzugleichen.

Es sei denn, ja, sollten wir nicht einfach eine völlig neue, eine angloide Grammatik entwerfen und sie als verbindliche offizielle Sprachregelung festlegen?

Wie geht es weiter?

Sollten wir also ein englischeres, ein besseres Deutsch erschaffen und versuchen, dies durchzusetzen? Nein das sollten wir nicht. Auch hierfür gibt es gute Gründe. Der erste: Grundsätzlich ist es immer schlecht, den Sprechern einer Sprache eine Änderung aufzuzwingen. Es gibt auch gar kein Gremium, dass so etwas zu entscheiden hätte. Wohl aber gibt es Institutionen, die genau das versuchen. Man denke etwa an jene Universitäten, an denen Absolventen eine schlechtere Note droht, wenn sie in ihrer Abschlussarbeit nicht die von einer Kommission nach langer Erwägung sicherlich gut durchdacht, aber dennoch letztlich willkürlich festgelegten Genderregeln beachten. Auch Medienverbände, die sich zur gemeinsamen Sprachbeeinflussung verabreden, müssen sich fragen lassen, ob es sich hier nicht um den Missbrauch eines Machtmonopols handelt. Natürlich und glücklicherweise sind diese Institutionen guten Willens und möchten die Sprache zum Guten wandeln. Dennoch: So sollte Sprachentwicklung nicht ablaufen.

Der zweite Grund dies nicht zu tun liegt in dem enormen Umfang, den so eine Änderung bedeuten würde. Kleine Änderungen haben eine gewisse Chance, von den Nutzern einer Sprache angenommen zu werden, Umwälzungen solchen Ausmaßes nicht. Die Notwendigkeit der Anpassung unserer Sprache an eine sich in fast allen Bereichen des Lebens rasant entwickelnde Welt ist schon jetzt dabei, ein stetig wachsendes Kommunikationsproblem zwischen den Generationen zu schaffen. Kommunikation sollte Gemeinsamkeit schaffen, nicht Ab- oder gar Ausgrenzung erzeugen. Sprache und ihre Entwicklung müssen alle Sprecher mit einbeziehen.

Beim Thema Akzeptanz könnte auch die Sprachidentität eine Rolle spielen. In einer Zeit, in der Dialekte aus solchen Gründen gepflegt und wiederbelebt werden, müssten wir uns fragen, ob eine über die bereits nicht mehr aus dem Deutschen wegzudenkenden Anglizismen hinausgehende Anglisierung, eine „Verenglischung" von den Sprechern unserer Sprache hingenommen würde.

Oops! Haben Sie es gemerkt? Das Wort *Verenglischung*, eigentlich ein ganz netter Neologismus, erinnert nicht nur an die Zeiten, als fanatische Deutschtümler versuchten, alle Fremdwörter aus „ihrer" Sprache zu entfernen, sondern ist auch ein schönes Beispiel für subtile Sprachsteuerung. Das Präfix *Ver-* suggeriert eine negative, ja zerstörerische Bedeutung. *Englischerwerdung? Anlehnung an das Englische?* Schon besser, aber etwas lang. Wir hoffen, Sie verstehen, weshalb es häufig sehr gut ist, Fremdwörter zu gebrauchen. Ohnehin wird es im Lauf der Zeit zu einem zunehmenden Einfluss des Englischen auf alle Sprachen dieser Welt kommen.

Übrigens auch umgekehrt: Für das global gesprochene Englisch, die *lingua franca* unserer Tage gelten inzwischen Regeln, die einem konservativen englischen Grammatiklehrer die Haare zu Berge stehen lassen würden.

Zurück zum Thema Sprachidentität. Auch hier gilt: ein langsamer Wandel ist akzeptabel, auch sinnvoll oder sogar notwendig, ein schneller, gar radikaler aber nicht. Wir haben also mindestens drei gute Gründe, solch eine Änderung nicht in Angriff zu nehmen. Vielleicht fragen Sie sich, ob der eine oder andere davon nicht auch auf die gängigen Vorgehensweisen des Genderns zutrifft, die eine inzwischen schon beängstigend große Sprachlobby versucht zu etablieren. Genau!

Manche der dort vorgeschlagenen Sprachregelungen sind auf jeden Fall sinnvoll, wie wir bereits erläutert haben. Aber eben nicht alle. Es wäre schön, wenn wir zwei Grundsätze der Psychologie in Bezug auf Verhaltensänderungen beachten würden. Der erste heißt: Verbieten ist schlechter als Erlauben. Der zweite: Wegnehmen ist schlechter als Dazugeben. Auf die Sprache bezogen heißt das, dass es nicht gut ist, gängigen Sprachgebrauch zu verpönen und bestehende Strukturen abzuschaffen. Der kluge Weg ist es, die Sprache durch Neues zu bereichern und das Vorhandene besser zu verstehen. Wenn wir jetzt noch einmal erwähnen, dass es die kleinen Veränderungen sind, die akzeptiert werden und mit denen wir Großes erreichen können, ahnen Sie schon, was wir unserer Sprache schenken sollten: *-on* und *-en*.

Ob Sie also sprechen oder schreiben, nutzen Sie die neuen Suffixe! Erklären Sie jedem Stirnrunzler das dahinterstehende System, wenn es auch nur mit den kurzen Worten „*das ist das männliche/diversgeschlechtliche Pendant zu -in*" geschieht. Mit weitergehend Interessierten führen Sie ein erläuterndes und sicher interessantes Gespräch, oder empfehlen ihnen dieses Büchlein.

Gebrauchen Sie auf jeden Fall weiterhin das generische Maskulinum, wo es angebracht ist. Sie haben jetzt eine weitere Rechtfertigung dafür. Der Zusatz *jeglichen Geschlechts* ist zwar sperrig und eigentlich überflüssig, kann aber gebraucht werden, wenn man befürchtet, von seinen Zuhörern oder Lesern missverstanden zu werden.

Natürlich wird es sich zunächst ungewohnt, merkwürdig, ja verquer anfühlen, von *-onen* oder *-enen* zu sprechen. Aber sich auf unbekanntes Terrain zu begeben, geht immer mit einem Gefühl der Unsicherheit einher. Dennoch muss man einen ersten Schritt setzen, um vorwärts zu kommen, und das müssen wir auch , um unsere Sprache zu verbessern und möglicherweise ihre Verschlechterung zu verhindern. Dies hier ist ein Schritt in die richtige Richung. Tun Sie ihn!